# Matthias Fiedler

# رئیل اسٹیٹ کی اختراعی مماثلت کا تصوّر رئیل اسٹیٹ بروکریج آسان ہو گئی

رئیل اسٹیٹ کی مماثلت: رئیل اسٹیٹ کے مماثلتی اختراعی پورٹل کے ساتھ رئیل اسٹیٹ کی مستعد، آسان اور پیشہ ورانہ بروکریج

# اشاعت کی تفصیلات -- ایمپریسم | قانونی نوٹس

1۔ چھپی ہوئی کتاب کی طرح کا ایڈیشن | فروری 2017
(ابتدائی طور پر جرمن زبان میں دسمبر 2016 میں شائع کردہ)

Matthias Fiedler 2016 ©

Matthias Fiedler
Erika-von-Brockdorff-Str. 19
Korschenbroich 41352
جرمنی
www.matthiasfiedler.net

چھپائی اور پیشکش:
آخری صفحے پر نقش ملاحظہ کیجیے

کور کا ڈیزائن: Matthias Fiedler
ای بُک کی تخلیق Matthias Fiedler

ISBN-13 (Paperback): 978-3-947184-51-4
ISBN-13 (E-Book mobi): 978-3-947082-67-4
ISBN-13 (E-Book epub): 978-3-947082-68-1

Deutsche Nationalbibliothek کی فہرست سازی سے متعلقہ معلومات:
Deutsche Nationalbibliothek اس اشاعت کو Deutsche Nationalbibliografie میں ریکارڈ کرتی ہے؛ ان فہرستوں کی مفصل معلومات انٹرنیٹ پر http://dnb.d-nb.de پر دستیاب ہیں۔

# خُلاصہ

یہ کتاب رئیل اسٹیٹ کے عالمی مماثلتی پورٹل (ایپ) کے انقلابی تصور کی وضاحت موزوں سیلز کے امکان (بلین ڈالر) کے حساب کتاب کے ساتھ کرتی ہے، جو رئیل اسٹیٹ ایجنسی کے سافٹ وئیر کے ساتھ مشترک کردہ ہے بشمول رئیل اسٹیٹ کے تخمینے (ٹریلین ڈالر سیلز کا امکان)۔

اس کا مطلب ہے کہ رہائشی اور تجارتی رئیل اسٹیٹ، آیا مالک کے زیرِ قبضہ یا کرائے پر ہو، وقت کی بچت کے ساتھ اور موثر انداز میں بروک کی جا سکتی ہے۔ یہ تمام رئیل اسٹیٹ ایجنٹس اور پراپرٹی کے مالکان کے لیے رئیل اسٹیٹ بروکریج کا اختراعی اور پیشہ ورانہ مستقبل ہے۔ رئیل اسٹیٹ مماثلت قریباً تمام ممالک میں حتیٰ مختلف ملکوں کے مابین بھی کام کرتی ہے۔


پراپرٹیوں کو خریدار یا کرایہ دار کے پاس "لانے" کی بجائے، رئیل اسٹیٹ کے مماثلتی پورٹل کے ساتھ، ممکنہ خریدار یا کرایہ دار منتخب کیے جا سکتے ہیں

(سرچ پروفائل) اور پھر ان کا موازنہ کیا جاتا اور انہیں رئیل اسٹیٹ ایجنٹوں کی پیش کردہ پراپرٹیوں سے مربوط کیا جاتا ہے۔

# مشمولات

# دیباچہ

2011 میں، میں نے رئیل اسٹیٹ مماثلت کے اختراعی طریقہ کار کے لیے یہاں وضاحت کردہ تصوّر کے متعلق سوچا اور اسے تشکیل دیا۔

میں 1998 سے رئیل اسٹیٹ کے کاروبار میں مشغول ہوں (بشمول رئیل اسٹیٹ بروکریج، خرید و فروخت، تخمینہ کاری، کرایہ پر چڑھانا، اور جائیداد کی بڑھوتری)۔ میں رئیل اسٹیٹ کا ایجنٹ (IHK) اور معیشت دان (ADI) اور رئیل اسٹیٹ کی تخمینہ کاری (DEKRA) کا سند یافتہ ماہر اور اس کے ساتھ ساتھ بین الاقوامی شہرت یافتہ رئیل اسٹیٹ کی تنظیم Royal Institution of Chartered Surveyors (MRICS) کا ممبر بھی ہوں۔

Matthias Fiedler

Korschenbroich, 10/31/2016

www.matthiasfiedler.net

# 1. رئیل اسٹیٹ کی اختراعی مماثلت کا تصور رئیل اسٹیٹ بروکریج آسان ہو گئی

## رئیل اسٹیٹ کی مماثلت: رئیل اسٹیٹ کے مماثلتی اختراعی پورٹل کے ساتھ رئیل اسٹیٹ کی مستعد، آسان اور پیشہ ورانہ بروکریج

پراپرٹیوں کو خریدار یا کرایہ دار کے پاس "لانے" کی بجائے، رئیل اسٹیٹ کے مماثلتی پورٹل(ایپ) کے ساتھ، ممکنہ خریدار یا کرایہ دار منتخب کیے جا سکتے ہیں (سرچ پروفائل) اور پھر ان کا موازنہ کیا جاتا اور انہیں رئیل اسٹیٹ ایجنٹوں کی پیش کردہ پراپرٹیوں سے مربوط کیا جاتا ہے۔

## 2. ممکنہ خریداروں یا کرایہ داروں اور پراپرٹی فروخت کنندگان کے مقاصد

رئیل اسٹیٹ فروخت کنندگان اور زمین مالکان کے نقطہ نظر سے، ان کی پراپرٹی کا جلد از جلد بک جانا یا کرایہ پر لگ جانا اور وہ بھی زیادہ سے زیادہ ممکنہ قیمت پر اہم ہے۔

ممکنہ خریداروں اور کرایہ داروں کے نقطہ نظر سے، ان کی ضروریات پر پورا اترنے کے لیے صحیح پراپرٹی ڈھونڈنا اور جتنا جلد اور آسانی سے ممکن ہو سکے اسے خرید یا کرائے پر لے لینا اہم ہے۔

## 3. رئیل اسٹیٹ کی تلاش کے لیے گزشتہ طریقہ کار

عموماً، رئیل اسٹیٹ کے ممکنہ خریدار یا کرایہ دار اپنے ترجیحاتی علاقے میں پراپرٹیز دیکھنے کے لیے بڑے آن لائن رئیل اسٹیٹ پورٹلز استعمال کرتے ہیں۔ وہاں، انہیں پراپرٹیز مل سکتی ہیں یا ایک بار ان کی مختصر سرچ پروفائل ترتیب دینے کے بعد انہیں پراپرٹیز کے متعلقہ لنکس بذریعہ ای میل بھیجے جا سکتے ہیں۔ یہ زیادہ تر 2 سے 3 رئیل اسٹیٹ پورٹلز پر کیا جاتا ہے۔ اس کے بعد، فروخت کنندہ سے عموماً بذریعہ ای-میل رابطہ کیا جاتا ہے۔ نتیجتاً، فروخت کنندہ یا مالک غرض مند فریق کے ساتھ رابطہ کرنے کی اجازت اور موقع حاصل کرتا ہے۔

اس کے ساتھ ، ممکنہ خریدار یا کرایہ دار اپنے علاقوں کے رئیل اسٹیٹ ایجنٹس سے رابطہ کرتے ہیں اور ان کے لیے سرچ پروفائل تخلیق کر دی جاتی ہے۔

رئیل اسٹیٹ پورٹلز پر فراہم کنندگان نجی اور تجارتی دونوں رئیل اسٹیٹ شعبوں سے آتے ہیں۔

تجارتی فراہم کنندگان زیادہ تر رئیل اسٹیٹ ایجنٹس یا کچھ صورتوں میں تعمیراتی کمپنیاں، رئیل اسٹیٹ کے بروکر اور رئیل اسٹیٹ کی دیگر کمپنیاں ہوتی ہیں (اس عبارت میں، تجارتی فراہم کنندگان کو رئیل اسٹیٹ ایجنٹس کہا گیا ہے)۔

## 4. نجی فراہم کنندگان کے نقصانات / رئیل اسٹیٹ ایجنٹس کے فوائد

برائے فروخت رئیل اسٹیٹ پراپرٹیوں کے سلسلے میں، نجی فروخت کنندگان ہمیشہ فوری فروخت کی ضمانت نہیں دے سکتے۔ مثال کے طور، وراثتی جائیداد کی صورت میں ہو سکتا ہے کہ وارثوں میں اتفاق رائے نہ ہو یا وراثت کا سرٹیفکیٹ ہی موجود نہ ہو۔ اس کےعلاوہ، مبہم قانونی مسائل جیسا کہ رہائش کا حق فروخت کو پیچیدہ بنا سکتے ہیں۔
کرائے والی پراپرٹیوں میں، ایسا ہو سکتا ہے کہ نجی مالکان کو سرکاری اجازت نامے نہ ملے ہوں، مثال کے طور پر جو تجارتی جگہ کو بطورِ رہائش کرایے پر دینے کے لیے درکار ہوتے ہیں۔
جب کوئی رئیل اسٹیٹ ایجنٹ فراہم کنندہ کے طور پر کام کرتا ہے، تو اس نے عموماً پہلے بیان کردہ پہلوؤں کو پہلے ہی نمٹا لیا ہوتا ہے۔

مزید برآں، رئیل اسٹیٹ کی تمام متعلقہ دستاویزات (فلور پلان، سائٹ پلان، توانائی کی سرٹیفیکیشن، عنوان کا اندراج، سرکاری دستاویزات وغیرہ) عموماً پہلے ہی دستیاب ہوتی ہیں۔ نتیجتاً، خریدنے یا کرایے

پر دینے کا عمل جلد اور بنا پیچیدگی کے مکمل ہو جاتا ہے۔

# 5. رئیل اسٹیٹ کی مماثلت

غرض مند خریداروں یا کرایہ داروں کو فروخت کنندگان یا مالکان کے ساتھ جتنا ممکن ہو فوری اور موثر انداز سے مماثل کرنے کے لیے، عموماً ایک باضابطہ اور پیشہ ورانہ طریقہ اپنانا ضروری ہوتا ہے۔

اس کو یہاں اس طرز (یا طریقہ کار) سے کیا جاتا ہے جو رئیل اسٹیٹ ایجنٹس اور غرض مند فریقین کے مابین ڈھونڈے اور تلاش کرنے کے عمل کے برعکس پر مرکوز ہے۔ اس کا مطلب ہے پراپرٹیوں کو خریدار یا کرایہ دار کے پاس "لانے" کی بجائے، رئیل اسٹیٹ کے مماثلتی پورٹل(ایپ) کے ساتھ، ممکنہ خریدار یا کرایہ دار منتخب کیے جا سکتے ہیں (سرچ پروفائل) اور پھر ان کا موازنہ کیا جاتا اور انہیں رئیل اسٹیٹ ایجنٹوں کی پیش کردہ پراپرٹیوں سے مربوط کیا جاتا ہے۔

پہلے مرحلے میں، رئیل اسٹیٹ کے مماثلتی پورٹل میں مکمنہ خریدار یا کرائے دار مخصوص سرچ پروفائل ترتیب دیتے ہیں۔ اس سرچ پروفائل میں تقریباً 20 خصوصیات ہوتی ہیں۔ مندرجہ ذیل خصوصیات اس میں

شامل کی جا سکتی ہیں (یہ مکمل فہرست نہیں ہے) اور سرچ پروفائل کے لیے ضروری ہیں۔

- علاقہ / پوسٹل کوڈ / شہر
- مطلوبہ شے کی قسم
- پراپرٹی کا سائز
- قابل رہائش حصے کا رقبہ
- قیمتِ خرید / کرایہ
- تعمیر کا سال
- منزلیں
- کمروں کی تعداد
- کرایہ پر لگی ہے (ہاں/نہیں)
- بیسمینٹ (ہاں / نہیں)
- بالکونی/ٹیریس (ہاں/نیں)
- طریقہِ حرارت
- پارکنگ کی جگہ (ہاں/نہیں)

یہاں یہ جاننا اہم ہے کہ یہ خصوصیات دستی طور پر درج نہیں کی جاتیں، بلکہ ان کا انتخاب پہلے سے تعین کردہ ممکنات/انتخابات (پراپرٹی کی قسم کے

لیے: اپارٹمنٹ، ایک کنبے کا گھر، وئیر ہاؤس، دفتر وغیرہ) کی فہرست میں سے متعلقہ فیلڈز (جیسا کہ پراپرٹی کی قسم) کو کلک کرنے یا کھولنے سے کیا جاتا ہے۔

اگر چاہیں، تو غرض مند فریقین اضافی سرچ پروفائلز ترتیب دے سکتے ہیں۔ سرچ پروفائل کو تبدیل کرنا بھی ممکن ہے۔

اس کے علاوہ، ممکنہ خریدار یا کرایہ دار مخصوص فیلڈز میں اپنے رابطے کے مکمل کوائف درج کرتے ہیں۔ اس میں شامل ہیں، آخری نام، پہلا نام، گلی، گھر کا نمبر، پوسٹل کوڈ، شہر، ٹیلی فون نمبر اور ای-میل ایڈریس۔
اس بارے میں، غرض مند فریقین رابطے کے لیے اور رئیل اسٹیٹ ایجنٹس کی طرف سے مماثلتی پراپرٹیز کی موصولی کے لیے اپنی رضامندی ظاہر کرتے ہیں۔

اس طرح غرض مند فریقین رئیل اسٹیٹ کے مماثلتی پورٹل چلانے والوں کے ساتھ معاہدہ بھی کر لیتے ہیں۔

اگلے مرحلے میں، سرچ پروفائلز ایپلیکیشن پروگرامنگ انٹرفیس (api) کے ذریعے مربوط رئیل اسٹیٹ ایجنٹس کو مہیا کی جاتی ہیں، جو کہ ابھی نمودار نہیں ہوئیں، مثلاً جرمن پروگرامنگ انٹرفیس "openimmo" کی طرح ۔ یہاں یہ نوٹ کیا جانا چاہیے کہ یہ پروگرامنگ انٹرفیس ـ بنیادی طور پر تکمیلیت کی کلید ہے ـ اسے فی الحال زیر استعمال ہر رئیل اسٹیٹ سافٹ وئیر کے ساتھ چلنا چاہیے یا ان کے درمیان معلومات کی ترسیل کی ضمانت دینی چاہیے۔ اگر ایسا نہیں ہے۔ تو اسے تکنیکی طور پر ممکن بنایا جانا چاہیے۔ کیونکہ پہلے ہی پروگرامنگ انٹرفیسیز زیرِ استعمال ہیں، جیسا کہ پہلے ذکر کیا گیا "openimmo" اور دیگر بھی، اس لیے سرچ پروفائل کی منتقلی ممکن بنانا ضروری ہے۔

اب رئیل اسٹیٹ ایجنٹس اس پروفائل کا مارکیٹ میں موجود اپنی پراپرٹیوں سے موازنہ کرتے ہیں۔ اس مقصد کے لیے، پراپرٹیوں کو رئیل اسٹیٹ کے مماثلتی پورٹل پر اپ لوڈ کیا جاتا ہے ان کا موازنہ کیا جاتا ہے اور متعلقہ خصوصیات سے ان کو مربوط کیا جاتا ہے۔

موازنہ مکمل ہونے کے بعد، ایک رپورٹ مرتب ہوتی ہے جو کہ مماثلت کا فیصد تناسب ظاہر کرتی ہے۔ 50% مماثل سے شروع کر کے، سرچ پروفائل کو رئیل اسٹیٹ ایجنسی سافٹ وئیر کے سامنے لایا جاتا ہے۔ انفرادی خصوصیات کا ایک دوسرے کے مقابلے میں وزن کیا جاتا ہے (پوائنٹ سسٹم کے تحت) تاکہ خصوصیات کے موازنے کے بعد مماثلت کے فیصد تناسب (مماثلت کا امکان) کا تعین کیا جا سکے۔ مثلاً، "پراپرٹی کی قسم " جیسی خصوصیت کو "قابلِ رہائش رقبے" جیسی خصوصیت " پر فوقیت دی جاتی ہے۔ اس کے علاوہ چند خصوصیات (مثال کے طور پر بیسمینٹ) کو پرپرٹی میں ہونا لازمی قرار دیا جا سکتا ہے۔

مماثلت کے لیے کیے گئے خصوصیاتی موازنے کے دوران اس امر کو یقینی بنانا چاہیے، کہ رئیل اسٹیٹ ایجنٹس کی رسائی صرف انکے مطلوبہ (بک کیے گئے) علاقوں تک ہی ہے۔ یہ ڈیٹا کے موازنے میں صرف کی جانے والی توانائی کو کم کرتا ہے۔ یہ خاص طور پر اس لیے ضروری ہے کیونکہ رئیل اسٹیٹ ایجنسیاں اکثر علاقائی بنیادوں پر کام کرتی ہیں۔ یہاں

یہ نوٹ کرنا چاہیے کہ کلاؤڈ احوال کے ذریعے، آج ڈیٹا کی بڑی مقدار کو ذخیرہ کرنا اور استعمال کرنا ممکن ہو گیا ہے۔

پیشہ ورانہ رئیل اسٹیٹ بروکریج کو یقینی بنانے کے لیے، صرف رئیل اسٹیٹ ایجنٹس کو ہی سرچ پروفائلز تک رسائی دی جاتی ہے۔

اس کے لیے، رئیل اسٹیٹ ایجنٹس رئیل اسٹیٹ کا مماثلتی پورٹل چلانے والوں کے ساتھ معاہدہ کرتے ہیں۔

متعلقہ موازنے/مماثلت کے بعد، رئیل اسٹیٹ ایجنٹ غرض مند سے رابطہ کر سکتا ہے، یا اس کے برخلاف غرض مند فریقین رئیل اسٹیٹ ایجنسی سے رابطہ کر سکتے ہیں۔ اگر رئیل اسٹیٹ ایجنٹ نے ممکنہ خریدار یا کرایہ دار کو رپورٹ بھیجی ہے، تو اس کا یہ بھی مطلب ہے کہ اس سرگرمی کی رپورٹ یا ایجنٹ کا رئیل اسٹیٹ کمیشن کے لیے دعویٰ فروخت کی تکمیل یا کرایہ پر لگ جانے کی صورت میں دستاویز بند کیا جا چکا ہے۔

یہ اس امر سے مشروط ہے کہ رئیل اسٹیٹ ایجنٹ کو مالکِ جائیداد (فروخت کنندہ یا مالک) نے پراپرٹی کی تعیناتی کے لیے مقرر کر رکھا ہے یا اسے پراپرٹی پیش کرنے کی منظوری دی گئی ہے۔

## 6. اطلاق کا دائرہ کار

یہاں بیان کردہ رئیل اسٹیٹ مماثلت رہائشی اور تجارتی سیکٹر کی رئیل اسٹیٹ کی فروخت اور کرایے پر قابلِ اطلاق ہے۔ تجارتی رئیل اسٹیٹ کے لیے، متعلقہ اضافی رئیل اسٹیٹ خصوصیات درکار ہیں۔

ممکنہ خریداروں یا کرایہ داروں کی جانب سے بھی رئیل اسٹیٹ ایجنٹ مقرر ہو سکتا ہے، جیسا کہ عموماً عملی طور پر ہوتا ہے، اس صورت میں کہ اگر وہ کلائنٹس کی جانب سے اجازت کردہ تھا۔

جغرافیائی علاقوں کے حساب سے، رئیل اسٹیٹ مماثلتی پورٹل کم و بیش ہر ملک میں قابلِ اطلاق ہے۔

## 7. فوائد

رئیل اسٹیٹ کا یہ مماثلتی عمل ممکنہ فروخت کرنے اور خریدنے والوں کو بڑا فائدہ دیتا ہے، چاہے وہ اپنے ہی علاقے میں (رہائش کی جگہ) میں دیکھ رہے ہوں یا کام سے متعلقہ وجوہات کی بنا پر دوسرے شہر یا علاقے میں جا رہے ہوں۔
مطلوبہ علاقے میں کام کرنے والے رئیل اسٹیٹ ایجنٹس سے مماثلتی پراپرٹیز کے متعلق معلومات حاصل کرنے کے لیے انہیں صرف ایک بار اپنی سرچ پروفائل درج کرنا ہو گی۔

رئیل اسٹیٹ ایجنٹس کے لیے، یہ فروخت اور کرایے پر دینے کے لیے وقت بچانے اور موثر طور پر کام کرنے کی مد میں بڑا فائدہ دیتا ہے۔
انہیں فوراً ہی اپنی پیش کردہ ہر پراپرٹی کے متعلق حقیقی غرض مند فریقین کی سنجیدگی کے درجے کا اندازہ ہو جاتا ہے۔
مزید برآں، رئیل اسٹیٹ ایجنٹس اپنے متعلقہ ہدفی گروپ سے براہ راست رابطہ کر سکتے ہیں، جنہوں نے اپنی "چہیتی" پراپرٹی کو سرچ پروفائل ترتیب دینے کے عمل میں سنجیدگی سے لیا ہوتا ہے۔ مثال

کے طور پر، رئیل اسٹیٹ رپورٹس بھیج کر رابطہ قائم کیا جا سکتا ہے۔

یہ غرض مند فریقین کے ساتھ رابطے کے معیار کو بہتر بناتا ہے جن کو معلوم ہوتا ہے کہ وہ کیا تلاش کر رہے ہیں۔ یہ بعد میں پراپرٹی دیکھنے کے لیے کیے جانے والے دوروں کو بھی کم کر دیتا ہے جو پھر بروک کی جانے والی پراپرٹیز کے لیے مارکیٹنگ کے مکمل دورانیے کو کم کر دیتا ہے۔

ممکنہ خریدار یا کرایہ دار کے متعلقہ پراپرٹی دیکھ لینے کے بعد، فروخت یا لیز کا معاہدہ مکمل کیا جا سکتا ہے جیسا روایتی رئیل اسٹیٹ مارکیٹنگ میں ہوتا ہے۔

# 8. نموناتی حساب (ممکنہ) - صرف مالکان کے زیرِ قبضہ گھر اور رہائشیں (کرایہ والے اپارٹمنٹس یا گھروں یا تجارتی پراپرٹیز کے علاوہ)

مندرجہ ذیل مثال واضح طور پر رئیل اسٹیٹ کے مماثلتی پورٹل کی صلاحیت کو واضح کرے گی۔

ایک 250,000 مکینوں والے جغرافیائی علاقے میں، جیسا کہ Mönchengladbach شہر (جرمنی) جہاں پر شماریات کے تخمینے کے مطابق کم و بیش 125,000 آباد ہیں (2 مکین فی گھرانہ)۔ رہائش تبدیل کرنے کی اوسط شرح تقریباً 10% ہے۔ اس کا مطلب ہے کہ 12,500 گھرانے ہر سال گھر تبدیل کرتے ہیں۔ Mönchengladbach کے اندر آ کر بسنے اور باہر جانے کا تناسب یہاں شامل نہیں کیا گیا۔ تقریباً 10,000 گھرانے (80%) کرائے والے گھر تلاش کرتے ہیں او ر تقریباً 2,500 گھرانے (20%) بکنے والی پراپرٹی تلاش کرتے ہیں۔

Mönchengladbach شہر کی مشاورتی کمیٹی کی پراپرٹی مارکیٹ رپورٹ کے مطابق 2012 میں یہاں 2,613 رئیل اسٹیٹ کی خریداری ہوئی۔ یہ پہلے بیان کردہ ممکنہ گاہکوں کی 2,500 ہونے کی تعداد کی تصدیق کرتی ہے۔ حقیقت میں وہ اس سے زیادہ ہوں گے، مگر ہر ممکنہ خریدار کو اپنی پسند کی پراپرٹی حاصل کرنے کے قابل نہیں ہو سکا۔ حقیقی دلچسپی رکھنے والے ممکنہ خریداروں یا بالخصوص سرچ پروفائلز کی تعداد رہائش تبدیل کرنے والوں کی 10% اوسط شرح یعنی 25,000 سرچ پروفائلز سے تقریباً دوگنا زیادہ ہے۔ اس میں یہ امکان بھی شامل ہے کہ ممکنہ خریداروں نے رئیل اسٹیٹ کے مماثلتی پورٹل پر ایک سے زیادہ سرچ پروفائل بنائی ہو۔

تجربے کی بنا پر یہاں یہ بیان کرنا اہم ہے کہ، تقریباً آدھے مکنہ خریداروں اور کرایہ داروں نے اب تک اپنی پراپرٹی رئیل اسٹیٹ ایجنٹ کے ساتھ کام کر کے حاصل کی ہے، جو کہ جمع ہو کر 6,250 گھرانے بنتے ہیں۔

ماضی کا تجربہ یہ بھی ظاہر کرتا ہے کہ تمام گھرانوں میں سے 70% نے رئیل اسٹیٹ کی تلاش انٹرنیٹ پر

رئیل اسٹیٹ پورٹل سے ہی کی، جو کہ کل 8,750 گھرانے بنتے ہیں (جو 17,500 سرچ پروفائلز سے مطابقت رکھتا ہے)۔

Mönchengladbach جیسے شہر کے لیے اگر ممکنہ خریداروں اور فروخت کنندگان میں سے 30% یعنی 3,750 گھرانوں (یا 7،500 سرچ پروفائلز) نے اپنی سرچ پروفائل کسی رئیل اسٹیٹ کے مماثلتی پورٹل (ایپ) پر بنانی تھی، تو منسلکہ رئیل اسٹیٹ ایجنٹس 1,500 (20%) مخصوص سرچ پروفائلز کے ذریعے موزوں پراپرٹیاں پیش کر سکتے تھے اور ممکنہ کرایہ داروں کو 6,000 مخصوص سرچ پروفائلز (80%) کے ذریعے پیش کر سکتے تھے۔
اس کا مطلب ہے کہ تلاش کے 10 ماہ کے اوسط دورانیے کے ساتھ اور ممکنہ خریداروں یا کرایہ داروں کی ترتیب کردہ ہر سرچ پروفائلز کے لیے نموناتی ماہانہ قیمت EUR 50 رکھتے ہوئے، 250,000 مکینوں والے شہر کے لیے 7,500 سرچ پروفائلز کے ساتھ فی سال فروخت کی استعداد EUR 3,750,000 ہے۔
اس کو بڑھا کر پورے جرمنی کے لیے جس کی آبادی 80,000,000 (80 ملین) ہے، EUR 1,200,000,000

(1.2 بلین یورو) سالانہ کی خریداری کی استعداد بنتی ہے۔ اگر تمام ممکنہ خریداروں اور کرایہ داروں کے 30% کی بجائے 40% نے اپنی مطلوبہ رئیل اسٹیٹ کو رئیل اسٹیٹ کے مماثلتی پورٹل پر تلاش کیا، تو خریداری کی سالانہ استعداد بڑھ کر EUR 1,600,000,000 (1.6 بلین یورو) ہو جائے گی۔ خریداری کی یہ استعداد صرف مالکان کے اپنے اپارٹمنٹس اور گھروں کی مناسبت سے ہے۔ رہائشی رئیل اسٹیٹ سیکٹر میں کرائے اور سرمایہ کاری والی پراپرٹیاں اور تمام تجارتی رئیل اسٹیٹ سیکٹر استعداد کے اس حساب میں شامل نہیں ہیں۔

جرمنی میں رئیل اسٹیٹ بروکریج کے کاروبار میں تقریباً 50,000 کمپنیوں کے ساتھ (جن میں رئیل اسٹیٹ ایجنسیاں، تعمیراتی کمپنیاں، رئیل اسٹیٹ کے تاجران، اور دیگر رئیل اسٹیٹ کمپنیاں شامل ہیں)، جن میں تقریباً 200,000 افراد ملازم ہیں اور اگر 2 لائسنسوں کی اوسط کے ساتھ ان 50,000 کمپنیوں کا 20% بھی رئیل اسٹیٹ مماثلتی پورٹل استعمال کرے، تو نتیجہ (نمونے کے طور پر ایک لائسنس کی ماہانہ قیمت 300 یورو رکھ کر) خریداری

کی سالانہ استعداد EUR 72,000,000 (72 ملین یورو) بنتا ہے۔ اس کے ساتھ، اگر سرچ پروفائلز کی مقامی علاقائی بکنگ کی تنصیب کی جائے، تو ڈیزائن پر منحصر کافی بڑی اضافی خریداری کی استعداد پیدا کی جا سکتی ہے۔

مخصوص سرچ پروفائلز والے ممکنہ خریداروں اور کرایہ داروں کی بیش بہا استعداد کے ساتھ، رئیل اسٹیٹ کے ایجنٹوں کو اب اپنی غرض مند فریقین کی ڈیٹا بیس ـــ اگر ان کے پاس یہ موجود ہے ـــ تو اسے تازہ کرنے کی ضرورت نہیں رہے گی۔ اس کے ساتھ، سرچ پروفائل کی موجودہ تعداد بہت ممکن ہے کہ بہت سارے رئیل اسٹیٹ ایجنٹوں کی اپنے ڈیٹا بیسز میں بنائے گئی سرچ پروفائلز سے بڑھ جائے۔

اگر یہ رئیل اسٹیٹ کا اختراعی مماثلتی پورٹل بہت سے ملکوں میں استعمال کیا جاتا ہے، تو جرمنی کے ممکنہ خریدار، مثال کے طور پر، چھٹیوں گزارنے کے اپارٹمینٹ کے لیے بحیرہ روم کے جزیرے Majorca (Spain) کے لیے سرچ پروفائل بنا سکتے ہیں اور Majorca کے مربوط رئیل اسٹیٹ ایجنٹس اپنے ہم

مماثل اپارٹمنٹس جرمنی کے ممکنہ کلائنٹس کو ای-میل کے ذریعے پیش کر سکتے ہیں۔ اگر رپورٹس ہسپانوی زبان میں ہوں، تو ممکنہ کرایہ دار انٹرنیٹ پر ترجمہ کرنے والا پروگرام استعمال کرتے ہوئے عبارت کا فوری جرمن زبان میں ترجمہ کر سکتے ہیں۔

لسانی بندشوں کے بنا دستیاب پراپرٹیز کو سرچ پروفائل سے مماثل کرنے کی تنصیب کے قابل ہونے کے لیے، زبان سے بالاتر، پروگرام کردہ(ریاضیاتی) خصوصیات پر منحصر متعلقہ خصوصیات کا رئیل اسٹیٹ کے مماثلتی پورٹل کے اندر ہی موازنہ کیا جا سکتا ہے، اور متعلقہ زبان آخر میں تقویض کی جا سکتی ہے۔

رئیل اسٹیٹ کے مماثلتی پورٹل کو سب بر اعظموں میں استعمال کرتے ہوئے، پہلے ذکر کردہ خریداری کی استعداد (صرف ان کے لیے جو تلاش کرنے میں دلچسپی رکھتے ہیں) کے دائرے کو بڑھا کر مندرجہ ذیل دکھائی دے گی۔

دنیا کی آبادی:

7,500,000,000 (7.5 بلین) افراد

1. صنعتی ملکوں اور زیادہ تر صنعتی ملکوں کی آبادی:

2,000,000,000 (2.0 بلین) افراد

2. ابھرتے ہوئے ملکوں کی آبادی:

4,000,000,000 (4.0 بلین) افراد

3. ترقی پذیر ملکوں کی آبادی:

1,500,000,000 (1.5 بلین) افراد

جرمنی کی سالانہ خریداری کی استعداد 80 ملین کی آبادی کے لیے 1.2 بلین یورو کو تبدیل کر کے اور تناسب کے حساب سے بڑھا کر مندرجہ ذیل فیکٹر استعمال کر کے صنعتی،ابھرتے اور ترقی پذیر ممالک کے لیے نکالا گیا ہے۔

| | |
|---|---|
| 1. صنعتی ممالک: | 1.0 |
| 2. ابھرتے ممالک: | 0.4 |
| 3. ترقی پذیر ممالک: | 0.1 |

اس کا نتیجہ ہے مندرجہ ذیل سالانہ خریداری کی استعداد (یورو 1.2 بلین x آبادی (صنعتی،ابھرتے ہوئے یا ترقی پذیر ممالک) / 80 ملین آبادی x فیکٹر)۔

| | | |
|---|---|---|
| 1. صنعتی ممالک | EUR | 30.00 بلین |
| 2. ابھرتے ممالک: | EUR | 24.00 بلین |
| 3. ترقی پذیر ممالک: | EUR | 2.25 بلین |
| **کُل:** | **EUR** | **56.25 بلین** |

# 9۔ نتیجہ

توضیح کردہ رئیل اسٹیٹ کا مماثلتی پورٹل رئیل
اسٹیٹ (غرض مند فریقین) کے متلاشیوں اور رئیل
اسٹیٹ ایجنٹس کو واضح فوائد پیش کرتا ہے۔

1. غرض مند فریقین کے لیے موزوں پراپرٹیوں کی
   تلاش میں صرف کیا جانے والا وقت بڑی حد
   تک کم ہو جاتا ہے کیونکہ انہیں صرف ایک بار
   اپنی سرچ پروفائل بنانا ہوتی ہے۔

2. رئیل اسٹیٹ ایجنٹ کو ممکنہ خریداروں اور
   کرایہ داروں کی تعداد کا عمومی جائزہ مل
   جاتا ہے، بشمول انکی مخصوص ضروریات کی
   معلومات کے (سرچ پروفائل)۔

3. غرض مند فریقین کو تمام رئیل اسٹیٹ
   ایجنٹس (جو زیادہ تر خود کار پیشگی انتخاب
   کی طرح ہوتی ہے)۔ سے صرف مطلوبہ یا
   مماثل پراپرٹیز (سرچ پروفائل پر مبنی) ہی
   ملتی ہیں۔

4. رئیل آسٹیٹ ایجنٹس سرچ پروفائلز کی
   ڈیٹابیس برقرار رکھنے کی کوشش کم کر

دیتے ہیں کیونکہ بے شمار سرچ پروفائلز مستقل طور پر دستیاب ہوتی ہیں۔

5. چونکہ صرف تجارتی فراہم کنندگان/رئیل اسٹیٹ ایجنٹس کی ہی رئیل اسٹیٹ مماثلتی پورٹل تک رسائی ہوتی ہے، اس لیے ممکنہ خریدار یا کرایہ دار تجربہ کار رئیل اسٹیٹ ایجنٹس کے ساتھ کام کر سکتے ہیں۔
6. رئیل اسٹیٹ ایجنٹس اپنی پراپرٹی دیکھنے کی ملاقاتیں اور مارکیٹنگ کا عمومی دورانیہ کم کر دیتے ہیں۔ نتیجتاً، ممکنہ خریداروں اور کرایہ داروں کے پراپرٹی دیکھنے والے دورے بھی کم ہو جاتے ہیں اور اس کے ساتھ ساتھ خرید یا لیز کے معاہدوں میں لگنے والا وقت بھی کم ہو جاتا ہے۔
7. پراپرٹیز بیچنے یا کرایہ پردینے والے مالکان کا وقت بھی بچتا ہے۔ اس کے علاوہ، فوری کرائے پر لگنے یا بکنے کے نتیجے میں کرایے والی پراپرٹیز کے کم وقت کے لیے خالی رہنے اور برائے فروخت پراپرٹیز کی جلد ادائیگی کے ساتھ اس میں مالیاتی فوائد بھی ہیں۔

رئیل اسٹیٹ مماثلت میں اس تصور کو لاگو کرنے سے، رئیل اسٹیٹ بروکریج کے میدان میں نمایاں ترقی کی جا سکتی ہے۔

# 10. رئیل اسٹیٹ کے مماثلتی پورٹل کا جدید رئیل اسٹیٹ ایجنسی سافٹ وئیر میں انضمام کرنا، بشمول رئیل اسٹیٹ کی تخمینہ کاری

آخری تبصرے کے طور پر یہ کہا جا سکتا ہے، کہ یہاں بیان کردہ رئیل اسٹیٹ کا مماثلتی پورٹل - تصوراً نئے عالمی طور پر دستیاب - رئیل اسٹیٹ ایجنسی سافٹ وئیر سلوشن کے بالکل آغاز سے اہم حصّہ ہو سکتا ہے۔ اس کا مطلب ہے کہ رئیل اسٹیٹ ایجنٹس اپنے موجودہ ایجنسی سافٹ وئیر سلوشنز کے ساتھ رئیل اسٹیٹ کا مماثلتی پورٹل بھی استعمال کر سکتے ہیں، یا مثالی طور پر وہ جدید رئیل اسٹیٹ ایجنسی سافٹ و ئیر سلوشن استعمال کر سکتے ہیں جس میں رئیل اسٹیٹ مماثلتی پورٹل بھی شامل ہے۔

اس موثر اور اختراعی رئیل اسٹیٹ مماثلتی پورٹل کا جدید رئیل اسٹیٹ ایجنسی سافٹ وئیر کے ساتھ انضمام کرتے ہوئے، ایک بنیادی طور پر منفرد قابل فروخت رئیل اسٹیٹ ایجنسی سافٹ وئیر بنایا گیا ہے جو کہ مارکیٹ میں رسائی کے لیے ضروری ہو گا۔

چونکہ رئیل اسٹیٹ کی تخمینہ کاری رئیل اسٹیٹ ایجنسی کا لازمی جز ہے اور رہے گا، اس لیے رئیل اسٹیٹ ایجنسی سافٹ وئیر میں رئیل اسٹیٹ کی تخمینہ کاری کا ٹول لازماً شامل ہونا چاہیے۔ اپنے حساب کے متعلقہ طریقوں کے ساتھ رئیل اسٹیٹ تخمینہ کاری رئیل اسٹیٹ ایجنسی کی درج/محفوظ کردہ پراپرٹیز سے متعلقہ ڈیٹا پیرامیٹرز تک رسائی کر سکتی ہے۔ اسی طرح، رئیل اسٹیٹ ایجنٹ اپنے علاقائی مارکیٹ کے تجربے کی بنا پر غیرموجود پیرامیٹرز کی کمی کو پورا کر سکتا ہے۔

اس کے ساتھ ، رئیل اسٹیٹ ایجنسی سافٹ وئیر میں دستیاب پراپرٹیز کا ورچوئل رئیل اسٹیٹ ٹور شامل کرنے کا انتخاب ہونا چاہیے۔ یہ موبائل فونز اور/یا ٹیبلٹس کے لیے اضافی ایپ بناتے ہوئے باآسانی ترتیب دیا جا سکتا ہے جو کہ ورچوئل رئیل اسٹیٹ ٹور کو - زیادہ تر خود کار طریقے سے - رئیل اسٹیٹ ایجنسی سافٹ وئیر - میں ریکارڈ اور پھر اسے شامل یا مشترک کر سکتا ہے۔

اگر رئیل اسٹیٹ کے اس موثر اور اختراعی مماثلتی پورٹل کو رئیل اسٹیٹ کی تخمینہ کاری کی صلاحیت کے ساتھ، ایک جدید رئیل اسٹیٹ ایجنسی کے سافٹ وئیر میں ضم کر دیا جاتا ہے، تو فروخت کی ممکنہ استعداد بہت زیادہ بڑھ جائے گی۔

---

Matthias Fiedler

Korschenbroich, 10/31/2016

Matthias Fiedler

Erika-von-Brockdorff-Str. 19

Korschenbroich 41352

جرمنی

www.matthiasfiedler.net